Ingrid Uebe

Leselöwen Frühlingsgeschichten

Illustrationen
von Helga Spieß

Loewe

CIP-Kurztitelaufnahme der Deutschen Bibliothek

Uebe, Ingrid:
Leselöwen-Frühlingsgeschichten / Ingrid Uebe. –
2. Aufl. – Bindlach: Loewe, 1988.
(Leselöwen)
ISBN 3-7855-2097-2

ISBN 3-7855-2097-2 – 2. Auflage 1988

Umschlagzeichnung: Helga Spieß
Satz: Leingärtner, Nabburg
Druck: Brönner & Daentler, Eichstätt
Printed in Germany

Inhalt

Petermann wacht auf

Der kleine Bär Petermann schlief mit seinen Eltern und Geschwistern in einer Höhle mitten im Wald. Die ganze Familie lag eng aneinandergekuschelt und hatte es schön warm. Alle träumten dem Frühling entgegen. Bald würde der lange Winterschlaf zu Ende sein.

Eines Morgens erwachte Petermann davon, daß ein Sonnenstrahl auf seine Nase fiel. Der kleine Bär nieste und gähnte. Dann reckte er vorsichtig seine Pfoten und blickte sich um. Draußen vor dem Eingang der Höhle blitzte es golden und blau.

Der Frühling ist da! dachte Petermann. Ich will ihn als erster begrüßen. Ich will sehen, welche Blumen schon blühen. Ich will mich in die warme Sonne legen. Ich will klares Quellwasser trinken. Ich will etwas Gutes zu essen suchen.

Er stand auf und tappte auf leisen Sohlen

hinaus. Er wußte, daß er die Höhle allein nicht verlassen durfte. Aber er konnte dem süßen Geruch, der hereinwehte, nicht widerstehen.

Der Waldweg war noch tief verschneit, aber von den Tannenzweigen tropfte es schon. Der Bach gluckerte munter vorbei. Petermann lief an ihm entlang bis zur Quelle. Dort wollte er trinken. Nirgendwo sonst schmeckte das Wasser so frisch.

Der kleine Bär schlappte und schmatzte

und schluckte. Da hörte er in den Wellen ein Lied:

„Silberhell
springt der Quell.
Wasch dir dein Fell!“

Petermann hielt probeweise eine Pfote ins Wasser. Huh, war das kalt! Nie und nimmer würde er sein schönes molliges Bärenfell damit waschen. Doch seine Pfote wollte er eine Weile darin lassen. Vielleicht schwamm ja ein Fisch vorbei. Den könnte er dann mit seinen Krallen greifen und herausholen. Der kleine Bär hatte großen Appetit auf frischen Fisch. Aber er wartete leider vergeblich.

Nach einer Weile stand er auf und lief weiter. Da begegnete ihm der Fuchs. Der sah auch recht hungrig aus. Sein spitzes Gesicht war während des Winters noch spitzer geworden. Er schien es eilig zu haben.

„Wie heißt du?“ fragte Petermann.

„Fritz“, sagte der Fuchs.

„Wohin gehst du?“ fragte Petermann.

„Hühnchen holen“, sagte der Fuchs.

„Wo denn?“ fragte Petermann.

„Im Hühnerhof“, sagte der Fuchs.

„Nimm mich mit!“ bat der kleine Bär. Gegen ein schönes frisches Ei aus dem Hühnerhof hätte er nichts einzuwenden gehabt.

Aber der Fuchs schüttelte den Kopf. „Du bist mir zu langsam“, sagte er. „Fuchsens Fritz flitzt wie der Blitz!“

Schon lief er weiter. Er flitzte tatsächlich. Wie ein roter Pfeil schoß er davon.

„Fuchsens Fritz flitzt wie der Blitz“, wiederholte Petermann. Das war ja der reinste Zungenbrecher!

Der kleine Bär tappte in die andere Richtung. Auf der verschneiten Waldwiese saßen viele Raben. Sie schlugen mit den Flügeln und krächzten:

„Krah, krah,
der Frühling ist nah.
Doch noch liegt der Schnee,
und Hunger tut weh."

„Ja, das finde ich auch", sagte der kleine Bär. „Mir tut der Bauch weh vor lauter Hunger. Gebt ihr mir etwas zu essen?"

„Wir haben selbst nichts!" krächzten die Raben.

Dann fragte einer: „Was tust du überhaupt hier? Wenn die Nacht kommt, wirst du sterben vor Hunger und Kälte. Lauf schnell in deine Höhle zurück!“

Petermann sah, daß die Sonne schon beinahe untergegangen war.

„Ich weiß den Weg nicht mehr!“ sagte er und setzte sich in den Schnee. „Wenn ihr mir nicht helft, bin ich verloren.“

Da schwang sich einer der Raben auf einen Ast und reckte den Hals. „Folge mir!“ rief er. „Ich will vorausfliegen und dir den Weg zeigen. Ich weiß, wo du wohnst.“

Spät erreichten sie die Bärenhöhle.

„Jetzt schlüpf nur hinein!“ sagte der Rabe. „Und sei nicht wieder so naseweis! Man muß die Zeit und den Frühling abwarten können.“

Da schlüpfte Petermann schnell in die Höhle. Er kuschelte sich zwischen seine Eltern und Geschwister. Seine Mutter seufzte im Schlaf.

Der kleine Bär machte die Augen zu.

Morgen wird die Sonne schon ein bißchen wärmer scheinen, dachte er.

Und übermorgen noch wärmer. Dann will ich die andern aufwecken! Alle zusammen werden wir in den Wald laufen und den Frühling begrüßen.

Weidenkätzchen

Vor vielen Jahren lebte auf einem Bauernhof eine schöne graue Katze. Sie durfte sich überall frei bewegen – im Stall und in der Scheune, im Hof und im Garten, im Keller und auf dem Dachboden. In der Wohnstube hatte sie auf dem Kachelofen ein warmes, gemütliches Plätzchen, und in der Küche stand für sie immer ein Schüsselchen Milch bereit. Sie sorgte dafür, daß die Mäuse im Haus nicht überhandnahmen, und der Bauer war wohl zufrieden mit ihr.

Im März wurde die schöne graue Katze zum erstenmal Mutter. In einer kuscheligen Ecke auf dem Heuboden schenkte sie vier winzigen Kätzchen das Leben.

Das erste war weiß, das zweite schwarz, die beiden letzten waren grau wie sie selbst.

Vier Wochen behielt die Katzenmutter ihr Geheimnis für sich. Sie leckte, wärmte und säugte die Kleinen im duftenden Heu und gab acht, daß ihnen nichts zustieß.

In der ersten Aprilwoche aber spazierte sie mit allen vieren in die Wohnstube, strich um die Tischbeine und schnurrte vor Stolz.

Die Kätzchen gingen zuerst artig in einer Reihe. Doch als sie sahen, daß der Bäuerin ein Wollknäuel vom Schoß gefallen war, stürzten sie sich darauf und begannen zu spielen.

Die Bäuerin lachte, und ihre kleine Tochter Marie, die mit ihrer Puppe auf dem Fußboden gesessen hatte, klatschte vor Freude in die Hände.

Als aber der Bauer nach Hause kam, ärgerte er sich sehr über das, was er in seiner Wohnstube vorfand.

„Das Viehzeug kommt mir sofort aus dem Haus!" rief er zornig. „*Eine* Katze ist gut und schön. Aber auf keinen Fall fünf."

Die kleine Marie weinte, und die Bäuerin sagte: „Ach, lieber Mann, wir wollen versuchen, die Kätzchen an gute Leute zu verschenken."

„Das ist unmöglich!" antwortete der Bauer. „Jeder im Dorf hat schon wenigstens eine Katze. Ich kenne niemanden, der noch eine haben will."

„Aber schau doch, wie niedlich die Kleinen sind!" sagte Marie. „Was willst du denn mit ihnen machen?"

„Das brauchst du nicht zu wissen!" erwiderte der Bauer. In der Nacht, als Marie schlief, rief er seinen Knecht und befahl ihm, die kleinen Katzen zu töten.

„Steck sie in einen Sack, binde ihn zu und wirf ihn in den Teich hinter dem Dorf!" sagte er. „Die Graue wird sich bald trösten, und auch Marie wird morgen alles vergessen haben."

Der Knecht brachte es kaum übers Herz, die vier Katzenkinder in einen dunklen Sack zu stecken. Aber weil er Angst hatte, daß

sein Herr ihn entlassen würde, befolgte er dessen Befehl und machte sich auf den Weg.

Eben zog ein Gewitter herauf, und als der Knecht den Teich erreichte, fiel der Regen wie aus Eimern vom Himmel. Dazu blitzte und donnerte es, daß man ordentlich Angst bekommen konnte.

Der Knecht zog den Kopf ein, denn er trug weder Hut noch Mantel. Kurz entschlossen band er den Sack auf, holte die kläglich maunzenden Kätzchen eins nach dem andern heraus und warf sie schnell in den

Teich. Dann hängte er sich den Sack wie einen Kapuzenumhang über den Kopf und rannte davon, ohne sich noch einmal umzusehen.

Die vier Katzenkinder schrien und zappelten erbärmlich, als sie ins Wasser fielen und nirgendwo Halt fanden.

Dicht am Ufer aber stand eine alte Weide. Die tauchte ihre langen Zweige ins Wasser und fischte die Kätzchen heraus. Zuerst klammerten sie sich ganz fest, dann kletterten sie immer höher, bis sie in Sicherheit waren. Schwimmen konnten sie

nicht, aber klettern konnten sie wirklich schon ausgezeichnet.

Den Rest der Nacht blieben sie in den Zweigen der alten Weide sitzen und fühlten sich ganz geborgen. Das Gewitter zog fort, und der Mond kam hinter den Wolken hervor.

Als aber die Sonne ihre ersten Strahlen auf die Erde sandte, waren aus den vier Katzenkindern Weidenkätzchen geworden. Dicht hintereinander saßen sie auf einem luftigen Zweig und ließen sich wiegen. Zwei waren grau, eins hatte einen weißen und eins einen schwarzen Schimmer.

Seit diesem Tag wachsen jedes Jahr im Frühling auf den Zweigen aller Weidenbäume der Welt die weichen Weidenkätzchen, zum Zeichen dafür, daß einst einer von ihnen vier Katzenkindern das Leben gerettet hat.

Tolle Tüte

Die Eisdiele hatte wieder geöffnet. Sabrina sah es auf den ersten Blick. Das Papier, das den Winter über die Fenster verklebt hatte, war fort. Jetzt blitzten die Scheiben in der Frühlingssonne, und über der Tür war ein neues Schild angebracht. Eine Waffeltüte mit drei Eisbällchen war darauf abgebildet: eins himbeerrosa, eins schokoladenbraun und eins pistaziengrün. Darunter stand in schöner Schreibschrift: *Tolle Tüte.*

Sabrina lachte. Das Schild gefiel ihr.

„Ich will mal gucken gehen“, sagte sie.

„Was denn?“ fragte Oma.

Und Mama meinte: „An einer Eisdiele gibt es doch nichts zu gucken.“

Da war nun Sabrina ganz anderer Ansicht. Im Fenster konnte man lesen, welche Eissorten vorrätig waren. Es gab mindestens ein Dutzend. Zitrone, Aprikose und Malaga

ITAL. EIS-CA

waren dabei. Die mochte Sabrina am liebsten.

Man konnte bis in den Laden sehen. Auf der Theke stand ein großer Tulpenstrauß. Dahinter bewegte sich Marco Serafini, dem die Eisdiele gehörte. Er räumte Flaschen in ein Regal. Aber als er Sabrina erkannte, winkte er ihr zu. Sie war im letzten Jahr eine gute Kundin gewesen.

„Komm weiter!“ drängte Mama. „Wir müssen noch einkaufen.“

„Wir haben ja schon soviel eingekauft“, sagte Sabrina. „Ich bin ziemlich müde.“

„Ich bin tatsächlich auch ziemlich müde“, bestätigte Oma. „Wir könnten uns ein Weilchen dahinten auf die Bank setzen. Da scheint schon sehr schön die Sonne.“

Sabrina fand es langweilig, nur so in der Sonne auf der Bank zu sitzen.

„Ich möchte ein Eis!“ sagte sie. „Zitrone, Aprikose und Malaga.“

„Kommt gar nicht in Frage!“ antwortete Mama. „Es ist noch lange nicht Sommer.“

„Eis kann man auch im Frühling schon essen. Da schmeckt es am allerbesten.“

„Aber nicht, wenn man nichts Ordentliches im Magen hat. Dein Frühstück war heute mal wieder nicht der Rede wert.“

„Ich kann eben morgens nicht soviel essen. Nie. Im Sommer auch nicht.“

„Aber im Sommer ist es wärmer.“

Sabrina seufzte. Das war nicht besonders logisch. Mama hatte offenbar keinen guten Tag.

Sie saßen auf der Bank in der Sonne. Die Einkaufstüten hatten sie neben sich gestellt. Auf dem kleinen Platz vor ihnen plätscherte ein Springbrunnen.

Oma sah Mama von der Seite an. „Du hast früher übrigens auch nie viel zum

Frühstück gegessen“, sagte sie mit einem kleinen Lächeln.

„Mehr als ein halbes Brötchen sicherlich“, antwortete Mama.

Oma schüttelte den Kopf. „Manchmal nicht einmal das.“

„Aber Eis habe ich immer erst im Sommer bekommen“, sagte Mama.

Oma schüttelte wieder den Kopf. „Du hast jedes Jahr behauptet, Eis schmeckt im Frühling am allerbesten.“

„Tatsächlich?“ fragte Mama und schien nachzudenken. „Schokolade, Vanille und Banane mochte ich am liebsten.“

Eine Weile saßen sie da und hielten ihre Gesichter in die Sonne.

„Eigentlich ist es doch schon ganz warm“, sagte Oma. „Paßt mal auf meine Sachen auf. Ich gehe jetzt zu Marco Serafini. Ein schöner Name und ein Bild von einem Mann!“ Ohne sich noch einmal umzudrehen, segelte sie am Springbrunnen vorbei auf die Eisdiele zu.

Als sie ein paar Minuten später zurückkam, trug sie drei Waffeltüten mit Eis vor sich her. „Zweimal Zitrone, Aprikose und Malaga", sagte sie, „einmal Schokolade, Vanille und Banane." Sie verteilte die Tüten und setzte sich in die Mitte.

Da saßen sie nun alle drei, Sabrina, Mama und Oma, und leckten an ihrem Eis.

„Am besten schmeckt mir Malaga", sagte Sabrina.

„Mir Schokolade", sagte Mama.

„Mir Zitrone", sagte Oma. Sie lachten und leckten. „Tolle Tüte!" sagte Oma.

„Tolle Oma!" sagte Sabrina.

Der kleine Hase mit den großen Ohren

Es war einmal ein kleiner Hase, der hatte schrecklich große Ohren. Nun haben ja alle Hasen ziemlich große Ohren, aber dieser

hier hatte die allergrößten, die man sich an einem Hasen überhaupt vorstellen kann. Er mußte sich ordentlich anstrengen, wenn er sie aufrecht halten wollte. Meistens schlappten sie herunter und streiften den Boden.

Alle andern Hasen sahen ihn höhnisch an und lachten ihn aus. „Seht nur den komischen Kerl!“ riefen sie. „Hat man jemals solche Ohren gesehen? Er sollte auf den Jahrmarkt gehen und sich ausstellen lassen. Da würden die Leute staunen.“

Der kleine Hase schämte sich sehr. Er wagte sich kaum noch unter seinesgleichen. Weil er seine Ohren nicht verstecken konnte, versteckte er sich am Ende selbst, so oft und so gut es ging.

An einem schönen Frühlingstag hockte der kleine Hase betrübt im dunklen Unterholz und traute sich nicht in den hellen Sonnenschein hinaus. Überall blühten Veilchen und Windröschen. Die Luft war erfüllt vom Zwitschern der Vögel.

Als der kleine Hase schon lange Zeit so gesessen und betrübt hinausgeblickt hatte, sah er ein Kind näher kommen. Das ging ganz allein durch den Wald und weinte. Es war von zu Hause fortgelaufen, weil es glaubte, daß niemand es mehr lieb hätte. Das Kind war ein Mädchen und hieß Nina.

Nicht weit von der Stelle, wo der kleine

Hase im Unterholz hockte, setzte sich Nina auf einen Stein und schluchzte.

Eine Weile hörte der kleine Hase zu. Dann verließ er sein Versteck und tippte das Mädchen mit einer Pfote an.

„Warum weinst du denn?" fragte er.

Nina blickte auf und war gar nicht besonders erschrocken. Sie fand, daß der kleine Hase sehr lieb aussah.

„Ach", antwortete sie, „das ist eine lange Geschichte."

„Erzähl sie mir!" antwortete der kleine Hase. „Ich will dir gern zuhören."

Nina zögerte nur einen Augenblick, dann fing sie an zu erzählen: „Alles begann damit, daß ich heute morgen beim Frühstück meine Kakaotasse umgestoßen habe. Es gab einen großen Fleck auf dem Tischtuch, und meine Mutter jammerte, nun hätte sie noch mehr Arbeit als sonst."

Nina schwieg und blickte den kleinen Hasen unsicher an.

„Und dann?" fragte er.

Da erzählte sie weiter: „Später in der Schule mußte ich immer an meine arme Mutter denken und konnte nicht ordentlich aufpassen. Da schimpfte der Lehrer mit mir.“ Nina schwieg wieder.

„Und dann?“ fragte der kleine Hase.

„Zu Hause beim Mittagessen erzählte ich, daß der Lehrer mit mir geschimpft hatte. Da wurde mein Vater böse und zankte mich aus.“

Mit Tränen in den Augen sah Nina den kleinen Hasen abwartend an.

„Erzähl nur weiter!“ sagte er. „Sicher war das noch nicht alles.“

Sie schüttelte den Kopf und fuhr fort: „Ich war zornig und traurig, weil mein Vater mich ausgezankt hatte. Da bekam ich Streit mit meinem kleinen Bruder und nahm ihm sein liebstes Spielzeug weg. Er heulte, und als nachmittags unsere Großmutter zu Besuch kam, erzählte er ihr, was ich getan hatte. Sonst liest sie uns beiden immer eine Geschichte vor, aber diesmal durfte nur mein Bruder zuhören. Ich wurde zur Strafe hinausgeschickt. Da bin ich fortgelaufen."

Der kleine Hase legte seine Pfote auf Ninas Hand und sprach: „Es gibt Tage, die fangen verkehrt an und gehen verkehrt weiter. Aber sie können ein gutes Ende nehmen. Geh nur nach Hause! Ich bin sicher, daß dort schon alle auf dich warten."

„Danke, daß du mir zugehört hast", sagte Nina und sah ihn aufmerksam an. „Du hast überhaupt wunderschöne Zuhör-Ohren. Ich kenne niemand, der so schöne Zuhör-Ohren hat wie du."

Da lachte der kleine Hase und freute sich sehr. Als Nina sich getröstet auf den Heimweg gemacht hatte, kehrte er zu den anderen Hasen zurück und schämte sich nie mehr für seine Ohren. Er war jetzt stolz darauf, daß er etwas hatte, das außer ihm niemand besaß.

Ein Nest in meinem Garten

Dies ist eine wahre Geschichte. Ich habe sie selbst erlebt. Eigentlich erlebe ich sie immer noch. Sie ist nämlich noch gar nicht zu Ende.

In meinem Garten wohnt ein Amselpärchen. Im letzten Herbst, als der Gärtner die Bäume gepflanzt hatte, ist es dort eingezogen. Den ganzen Winter über ist es geblieben. Bei Eis und Schnee hockte es am liebsten unter den tief herabhängenden Zweigen einer Blautanne, oder es hüpfte über den Rasen.

Die beiden flogen nicht weg, wenn ich

aus dem Hause kam. Sie sahen mir zu, wenn ich Futter auf die Terrasse streute oder Körnerknödel in die Bäume hängte. Das Männchen ist schwarz und eine recht stattliche Erscheinung. Das Weibchen ist bräunlichgrau und viel zierlicher.

Es ist nun wohl drei Wochen her, als ich merkte, daß sich etwas verändert hatte. Die Amseln hockten und hüpften nicht mehr auf dem Boden. Sie flogen jetzt unermüdlich durch den Garten, hin und her, auch über den Zaun und zurück. Das Ziel ihrer Heimflüge war eine breite, buschige Eibe, nicht viel größer als ich. Wenn die Vögel hineinflogen, trugen sie immer etwas im Schnabel – Halme, kleine

eige und Wölkchen aus trockenem Gras.

Sie bauen wohl ein Nest, dachte ich. Aber weil ich gerade viel zu tun hatte und auch weil der scheußliche Schneeregen draußen nicht aufhören wollte, kümmerte ich mich nicht weiter darum.

Am Ostersonntag aber, als ich im Garten nach einem Versteck für die buntbemalten Eier suchte, sah ich das Nest. Es saß wie eine kleine tiefe Schüssel fest in einer Astgabel und war außen und um seinen kreisrunden Rand dick gepolstert mit Halmen, kleinen Zweigen und Wölkchen aus trockenem Gras. Es war leer. Der innere Boden war glatt und dunkelbraun wie aus Ton. Ich hatte so etwas bisher nur in Filmen oder in Büchern gesehen. Nun stand ich staunend davor und fand das kleine Bauwerk vollkommen und schön.

Ein paar Tage ließen sich die Amseln nicht blicken. Ich dachte schon, sie hätten sich einen anderen Nistplatz gesucht.

Vielleicht hatte mein Hund zu laut gebellt, oder die Nachbarskatze hatte ihnen Angst gemacht. Aber dann entdeckte ich, daß sich ein Bett aus lockerem Gras über den blanken Nestboden breitete und die Höhlung ungefähr zu einem Drittel füllte.

Wieder ein paar Tage später lag das erste Ei darin, mattgrün und kaum größer als mein Daumennagel. Ich freute mich sehr. Jeden Tag kam nun ein neues Ei hinzu. Schließlich waren es vier.

Heute morgen schien die Sonne zum erstenmal warm auf die Terrasse, und ich ging in den Garten, um nach meinen Rosen zu sehen. Keine war erfroren. Alle hatten winzige rote Triebe angesetzt.

Ich kam zur Eibe und fand das Nest belegt. Das Amselweibchen saß darin und sah mir voll Vertrauen entgegen. Ein paar Sekunden blieben wir so. Keiner bewegte sich. Dann ging ich leise zurück.

Aber drinnen im Haus rückte ich meinen Schreibtisch ans Fenster und zog die Gardinen zur Seite. Von hier aus sehe ich das Nest mit der brütenden Amsel nun wie einen wolkigen Schatten in den Zweigen der Eibe.

Jetzt ist es Abend. Der angehende Amselvater sitzt auf dem Dach gegenüber, hoch über dem Nest, und flötet sein Lied. Ich schaue und lausche. Ich freue mich über das kleine Wunder in meinem Garten und schreibe die Geschichte auf, die noch gar nicht zu Ende ist.

Prinzessin Kirschblüte

Es lebte einmal ein alter König, der hatte eine wunderschöne Tochter. Sie war ihm so sehr ans Herz gewachsen, daß er ihr jeden Wunsch von den Augen ablas.

An nichts auf der Welt hatte die Prinzessin so viel Vergnügen wie an schönen Kleidern. Sie zog jeden Tag ein anderes an und wünschte sich immer noch neue dazu. Weil der Platz in ihrem Zimmer längst nicht mehr ausreichte, hatte der König auf dem Flur viele Schränke aufstellen lassen. Darin hingen die Kleider der Prinzessin, Kleider in allen Farben – gestreift, kariert, gepunktet, mit bunten Mustern und Blumen bestickt. Nur im letzten Schrank war noch ein wenig Platz. In kaum einem Monat würde nichts mehr

hineinpassen. Aber darüber machte sich niemand im Schloß Gedanken. Es gab ja Flure genug.

Als die Prinzessin siebzehn Jahre alt wurde, sollte ein großes Fest gefeiert werden. Der König lud viele Gäste ein, vor allem natürlich die jungen Edelleute des Landes, mit denen seine Tochter viel Spaß haben würde.

Die Prinzessin wollte unbedingt die schönste Tänzerin sein und überlegte schon viele Wochen vorher, was sie anziehen sollte. Sie ließ den Schneider kommen und seine Stoffe ausbreiten. Sie stellte sich damit vor den Spiegel und probierte, welcher ihr am besten zu Gesicht stand.

Endlich entschied sie sich für einen zarten schneeweißen Stoff und befahl dem Schneider, daraus ein Ballkleid zu machen. Es sollte mit weißer Spitze und weißer Stickerei kostbar verziert werden.

Pünktlich zum Geburtstag hatte der

Schneider das Kleid fertig, und es war wirklich so schön, daß der König entzückt die Hände zusammenschlug, als er seine Tochter darin erblickte.

„Ganz wie eine Kirschblüte siehst du darin aus!“ rief er. „Wahrhaftig, man sollte dich Prinzessin Kirschblüte nennen.“

Die Prinzessin drehte und wendete sich vor dem Spiegel. „Aber was soll ich auf dem Kopf tragen?“ fragte sie.

„Nun, dein silbernes Krönchen!“ antwortete der König. „Es wird ganz allerliebst zu diesem Kleid aussehen.“

„Nein“, sagte die Prinzessin, „das silberne Krönchen gefällt mir nicht.“

„Nun, dann deinen Stirnreif mit den Rubinen“, meinte der König. „Die roten Edelsteine passen vortrefflich zu Weiß.“

„Nein“, sagte die Prinzessin, „der Stirnreif gefällt mir nicht.“

„Nun, so nimm dein Perlendiadem“, schlug der König vor. „Die Perlen sind genauso weiß wie dein Kleid.“

„Nein“, sagte die Prinzessin, „das Perlendiadem gefällt mir erst recht nicht.“ Sie drehte sich um und lief schnell in den Garten.

Es war ein herrlicher Frühlingstag. Die Beete waren schon bunt, und alle Bäume standen in voller Blüte.

Die Prinzessin spazierte überall herum und ließ ihre Blicke schweifen. Endlich blieb sie vor einem Kirschbaum stehen, dessen Zweige über und über mit weißen Blüten bedeckt waren.

„Das ist es, was ich gesucht habe!“ sprach sie zu sich selbst. „Ich will mir ein Kränzchen aus Kirschblüten machen und in mein Haar stecken, wenn die Gäste kommen.“

Sie wußte sehr gut, daß man blühende Zweige nicht abreißen darf. Aber das war ihr jetzt gleichgültig. Sie dachte nur daran, wie gut die Kirschblüten zu ihrem weißen Kleid passen würden. Schon streckte sie ihre Hand aus.

Da ging mit einemmal ein Raunen durch das Gezweig, und eine Stimme sprach:

„Prinzeßchen, verschone mich!
Prinzeßchen, hüte dich!
Denn sonst verwandle ich
in eine Blüte dich."

Die Prinzessin schüttelte unwillig den Kopf. „Was soll der dumme Spruch?" fragte sie. „Da will mich wohl einer zum Narren halten!" Sie griff in den Baum und wollte einen besonders schönen Zweig abreißen. Kaum aber hatten ihre Finger ihn berührt, da verwandelte sie sich in eine Kirschblüte. Zart, leicht und weiß saß sie zwischen den andern. Man konnte sie beim besten Willen nicht von ihnen unterscheiden.

Im Schloß herrschte natürlich große Aufregung. Niemand verstand, warum und wohin die Prinzessin verschwunden war.

Der König ließ das Fest absagen und saß die ganze Nacht tief betrübt in seinem Thronsaal. Einmal war es ihm, als ob er von

draußen ein leises Weinen vernähme.
Er rief seine Diener und ließ alle Fenster öffnen. „Woher kommt das Weinen?“ fragte er.

„Es kommt aus dem Kirschbaum“, sagten die Diener.

Der König ließ sie mit Laternen in den Baum leuchten und alle Zweige absuchen. Doch die Prinzessin fanden sie nicht.

Das ist ein Osterei!

Marion wohnte in einem Hochhaus. Sie wohnte gern dort, weil viele Kinder da waren. Man fand eigentlich immer jemanden zum Spielen.

Am Dienstag nach Ostern fuhr Marion mit dem Fahrstuhl aus dem sechsten Stock nach unten. Es war schönes Wetter, und sie freute sich, daß sie noch Ferien hatte. Sie wollte zum Spielplatz. Irgend jemand würde schon da sein.

In der rechten Tasche ihres Anoraks steckten zwei Schokoladeneier, eins in Goldpapier und eins in Silberpapier. Das in Goldpapier war mit Nugat gefüllt, das in Silberpapier mit Marzipan.

Der Fahrstuhl hielt im dritten Stock, und ein Junge stieg ein. Er war ungefähr so groß wie Marion, hatte wellige schwarze Haare und sehr dunkle Augen.

Die Tür schob sich hinter ihm zu. Es ist

merkwürdig, wenn man im Fahrstuhl so dicht beieinandersteht und sich nicht kennt. Man weiß nicht, ob man sich anschauen soll oder nicht.

Marion sah zuerst an dem Jungen vorbei. Über seiner Schulter war der rote Alarmknopf. Den starrte sie an. Aber dann ließ sie ihren Blick weiterwandern und merkte, daß der Junge sie aufmerksam musterte.

Marion gab sich einen Ruck. „Bist du neu hier?“ fragte sie.

Der Junge nickte.

„Wie heißt du?“

„Demetrios. Und du?“

„Marion. Bist du deutsch?“

„Nein, griechisch. Wir kommen aus Saloniki.“

Marion nickte unsicher. Sie wußte nicht, wo das war. Der Junge sprach ebenso gut deutsch wie sie. Er sah nett aus. Sie griff in die Tasche und holte das in Goldpapier gewickelte Schokoladenei heraus, das mit Nugat.

„Das ist ein Osterei!“ erklärte sie feierlich.
Demetrios lachte. „Ich bin ja nicht blöd“, sagte er. „Und aus dem Urwald komme ich auch nicht.“ Aber das Ei nahm er an.
Nachmittags guckte Marion im Fernsehen einen Kinderfilm. Da klingelte es. Die Mutter öffnete die Tür. „Hier ist Besuch für dich, Marion!“ rief sie.
Marion wollte eigentlich nicht gern gestört werden, aber neugierig war sie auch. Sie lief zur Tür. Draußen stand Demetrios. Er hielt ihr ein buntbemaltes Ei entgegen.
„Das ist ein Osterei!“ erklärte er feierlich, und dann grinste er.
Marion lachte. „Vielen Dank“, sagte sie. „Es ist sehr schön. Hast du es selbst bemalt?“
Demetrios nickte. „Wir bemalen immer alle Eier selbst, zusammen mit der ganzen Familie. Aber dieses hier ist von mir.“
„Willst du nicht reinkommen?“ fragte Marion. „Im Fernsehen läuft gerade ein

lustiger Film. Ich kann dir den Anfang erzählen. Nachher können wir noch ein bißchen spielen."

Sie hockten sich nebeneinander vor den Fernsehapparat.

„Ich bringe euch ein Stück Kuchen", sagte Marions Mutter, als der Film zu Ènde war. „Es ist noch Osterzopf da. Wollt ihr Kakao oder Saft?"

„Lieber Saft!“ antwortete Demetrios schnell.

Marion nickte. Sie mochte auch lieber Saft.

Nachher spielten sie Mühle. Jeder gewann zweimal. Dann hatten sie keine Lust mehr.

„Hast du ein Kartenspiel?“ fragte Demetrios. „Ich kann damit zaubern.“

Marion brachte ihm eins und kam aus dem Staunen nicht mehr heraus. Demetrios wußte immer, welche Karte sie gezogen hatte. Dabei ließ sie ihn bestimmt nicht gucken. Einmal zauberte er sogar ein Herz-As hinter ihrem Ohr hervor. Marion war ganz begeistert.

Noch ein bißchen später stellten sie fest, daß Demetrios nach den Ferien in dieselbe Schule und in dieselbe Klasse kommen würde wie Marion.

„Du kannst bestimmt neben mir sitzen“, sagte sie. „An unserem Tisch ist noch ein Platz frei.“

Demetrios war froh. Das konnte man sehen. „Ja, gern. Es ist nicht schön, wenn man neu ist und niemand kennt."

„Ich weiß!" sagte Marion. „Wir sind auch erst im letzten Herbst hier eingezogen. Da war *ich* neu in der Klasse."

„Hat dir niemand ein Osterei geschenkt?"

Marion lachte. „Im Herbst gibt es doch keine Ostereier!"

Demetrios lachte auch. „Ein Glück, daß jetzt Frühling ist!"

Für Leseanfänger
Leselöwen-Geschichten

Baumann, Leselöwen-Kasperlgeschichten
Baumann, Leselöwen-Spaßgeschichten
Block, Leselöwen-Bibelgeschichten (A.T.)
Block, Leselöwen-Bibelgeschichten (N.T.)
Block, Leselöwen-Christkindgeschichten
Block, Leselöwen-Kindergebete
Ecke, Leselöwen-Mäusegeschichten
Gärtner, Leselöwen-ABC-Geschichten
Gärtner, Leselöwen-Kinderwitze
Guggenmos, Leselöwen-Rätselgeschichten
Hageni, Leselöwen-Räubergeschichten
Heuck, Leselöwen-Ponygeschichten
Heyst, Leselöwen-Zoogeschichten
Jannausch, Leselöwen-Gruselgeschichten
Jannausch, Leselöwen-Gutenachtgeschichten
Jannausch, Leselöwen-Nikolausgeschichten
Jannausch, Leselöwen-Wichtelgeschichten
Korschunow, Leselöwen-Autogeschichten
Korschunow, Leselöwen-Feriengeschichten
Korschunow, Leselöwen-Schulgeschichten

Für Leselöwen
★ Loewes Bücher ★

Korschunow, Leselöwen-Stadtgeschichten
Mai, Leselöwen-Spaßgedichte
Müller-Tannewitz, Leselöwen-Hasengeschichten
Pressler, Leselöwen-Trau-dich-Geschichten
Rettich, Leselöwen-Dorfgeschichten
Ruck-Pauquèt, Leselöwen-Katzengeschichten
Ruck-Pauquèt, Leselöwen-Tiergeschichten
Scheffler, Leselöwen-Ostergeschichten
Scheffler, Leselöwen-Zirkusgeschichten
Scheffler, Leselöwen-Weihnachtsgeschichten
Sperr, Leselöwen-Freundschaftsgeschichten
Sperr, Leselöwen-Hundegeschichten
Uebe, Leselöwen-Frühlingsgeschichten
Wüpper, Leselöwen-Umweltgeschichten

Leselöwen-Märchen
Baumann, Leselöwen-Glücksmärchen
Baumann, Leselöwen-Gruselmärchen
Baumann, Leselöwen-Lügenmärchen
Baumann, Leselöwen-Spaßmärchen
Baumann, Leselöwen-Tiermärchen
Baumann, Leselöwen-Wunschmärchen

Für Leselöwen
★ Loewes-Bücher ★